I0820661

DANS MA COMMUNAUTÉ

Ma Maison Dans La Ville

COLLECTION CRABTREE « LES JEUNES PLANTES »

Miranda Kelly

Ma maison dans la **ville**. Que peut-on faire?

Nous pouvons jouer au **parc**.

Nous pouvons aller au **zoo**.

Ma ville est grande.
Parfois c'est **bruyant**.

TOPMAN
PENSKE
STAPLES
X28 via BROADWAY
SHANGHAI GLAMOUR
NEW WOMEN
1910s–1940s
HOWARD
CANAL ST
TATTOO
Budget

Ma mère s'assure que je ne me perde jamais dans la **foule**.

Ma maison est dans la ville. Nous marchons pour aller au magasin.

PARK

Nous dînons sur un banc. Nous pouvons faire tant de choses.

Allons visiter les **amis**. Ils demeurent dans ma rue.

Après l'école, c'est un bon moment pour se rencontrer.

J’aime ma maison dans la ville.

GP

Glossaire

amis (a-mi) : Les amis sont les personnes avec qui nous aimons passer du temps.

bruyant (brui-yan) : Quand quelque chose est bruyant, ça fait beaucoup de bruit. Une grande ville, c'est bruyant.

foule (foul) : Une foule est un grand groupe de personnes.

parc (park) : Un parc est une place où il y a des arbres et des bancs. Certains parcs ont une aire de jeux.

ville (vil) : Une ville est une place où les gens vivent et travaillent. Il y a des grandes villes et des villes plus petites.

zoo (zou) : Un zoo est une place où l'on garde des animaux pour que les personnes puissent les voir.

Index

Soutien de l'école à la maison pour les gardien(ne)s et les enseignant(e)s.

Ce livre aide les enfants à se développer grâce à la pratique de la lecture. Voici quelques exemples de questions pour aider le(a) lecteur(-trice) à développer ses capacités de compréhension. Des suggestions de réponses sont indiquées.

Avant la lecture

- Quel est le sujet de ce livre? Je pense que ce livre parle d'une maison dans une ville.
- Qu'est-ce que je veux savoir sur ce sujet? Je veux connaître les activités que les gens peuvent faire dans la ville.

Durant la lecture

- Je me demande pourquoi... Je me demande pourquoi la grande ville est bruyante. D'où provient tout ce bruit?
- Qu'est-ce que j'ai appris jusqu'à présent? J'ai appris que les gens des villes peuvent jouer au parc et aller au zoo.

Après la lecture

- Nomme quelques détails que tu as retenus. J'ai appris que bien des gens dans les villes marchent d'un endroit à un autre.
- Écris les mots peu familiers et pose des questions pour mieux comprendre leur signification. Je vois le mot ***foule*** à la page 10 et le mot ***amis*** à la page 16. Les autres mots de vocabulaire se trouvent aux pages 22 et 23

Crabtree Publishing Company
www.crabtreebooks.com 1–800–387–7650

Version imprimée du livre produite conjointement avec Blue Door Education en 2021.

Crédits photos : Illustration ville © avian; couverture et p. 2 3 © shutterstock.com/IM_photo; p. 4-5 © shutterstock.com/Olga Enger; p. 6 7 © shutterstock.com/FamVeld; p. 8 9 © shutterstock.com/Tupungato; p. 10 11 © shutterstock.com/Alex Brylov; p. 12 13 © shutterstock.com/ Ryan DeBerardinis; p. 14 15 © shutterstock.com/Tatiana Bobkova; p. 16 17 © shutterstock.com/Africa Studio; p. 18 19 ©istock.com/ Stock Photos | Education Building; p. 20 21 ©istock.com/SeanPavonePhoto

Imprimé au Canada/042021/CPC

Auteur : Miranda Kelly
Coordinatrice à la production et technicienne au prepress : Amy Salter
Coordinatrice à l'impression : Katherine Berti
Traduction : Claire Savard

Publié au Canada par Crabtree Publishing
616 Welland Ave.
St. Catharines, ON
L2M 5V6

Publié aux États-Unis par Crabtree Publishing
347 Fifth Ave
Suite 1402-145
New York, NY 10016

Catalogage avant publication de Bibliothèque et Archives Canada

Disponible à Bibliothèque et Archives Canada